AF266919

BOUCHÉES POPULAIRES

Brusquer le temps, c'est l'avortement; bon gré mal gré, il faut attendre le terme : ce n'est ni avec les fers, ni avec des formules qu'on fera jamais d'un embryon un enfant.

Pour la Patrie!...

PREMIÈRES BOUCHÉES

PAR

J.-B. FRANC

PARIS

LIBRAIRIE INTERNATIONALE

A. LACROIX ET Cᵉ, ÉDITEURS

13, Faubourg Montmartre

—

1877

Tous droits de traduction et de reproduction réservés

BOUCHÉES POPULAIRES

Brusquer le temps, c'est l'avortement; bon
gré mal gré, il faut attendre le terme : ce
n'est ni avec les fers, ni avec des formules
qu'on fera jamais d'un embryon un enfant.

Pour la Patrie!...

PREMIÈRES BOUCHÉES

PAR

J. B. FRANC

PARIS

LIBRAIRIE INTERNATIONALE

A. LACROIX ET Cᵉ, ÉDITEURS

13, *Faubourg Montmartre*

—

1877

Comment, lecteur, te faire avaler la première bouchée? Ce n'est pas commode.

Où te prendre? Tu n'es jamais seul.

Indépendamment des fournisseurs habituels qui ont tout intérêt à te garder à vue, et à travers lesquels je dois me glisser, j'ai encore à écarter une foule de préjugés qui, vrais Cerbères, défendent le seuil de ta porte.

Peut-être qu'un coup de grosse caisse te ferait avancer?

Mangin, lui, ne faisait pas tant de manières. C'est qu'il avait un casque, et, malheureusement, il ne m'a pas compris au nombre incalculable de ses héritiers.

Enfin, supposons que je te tienne; — vague hypothèse — par où t'entamer?

Ah! voilà! difficulté nouvelle.

Outre le casque, pour se présenter décemment et se faire écouter, il faut encore, comme chez l'hôtelier, décliner son nom et montrer son bagage.

Mon nom? X.

Mon bagage? Zéro.

Rien, rien, pas même une profession de foi.

Souvent, il est vrai, la valise se trouve vide; le voyageur fait faux bond. Qu'importe? Le nom ne couvre-t-il pas la marchandise? La confiance se mesurant à la corpulence, tu te contentes de l'enveloppe sans te soucier du fond.

Si j'étais seulement physicien ou métaphysicien, je te pren-
drais avec des muscades, ou avec des pilules si j'étais pharma-
cien; politicien, je te ferais voir clairement ce qui se passe
derrière la nue, chose incontestablement plus facile que de distinguer, même imparfaitement, ce qui se passe dans la rue;
opticien,.... oh! je voudrais bien l'être pour te redresser
la vue !....

. . . .

. . . .

PREMIÈRES BOUCHÉES

I

Ah! disons-nous, souvent, en nous rengorgeant, s'ils revenaient, nos bons aïeux, ils ne reconnaîtraient plus la planète! Les rails, les fils télégraphiques dont elle est sillonnée et *embobinée*, les embrouilleraient joliment!

Voilà ce que chacun de nous a dit ou s'est dit, non pas une fois, mais mille.

Eh bien! non; ce n'est ni la locomotive, ni le télégraphe, ni même la commandite ou l'anonyme qui causeraient leur plus grand ébahissement. En tout cas, il serait de courte durée; en une heure, ils auraient raison des mystères de la vapeur et de l'électro-aimant.

Ce qui les troublerait, les ébahirait, les bouleverserait outre mesure, c'est *nous, nous-mêmes, nous leurs petits enfants.*

Comment nous reconnaître?

N'avons-nous pas, pour la plupart, les yeux derrière la tête, ou en vedette, bien en avant du nez? Ne marchons-nous pas généralement sur les mains au lieu de nous servir de nos jambes?

Ce renversement, pour ne pas être physique, n'en est pas moins visible et tangible dans l'ordre moral.

Ce n'est pas de l'invention, au moins, c'est de l'imitation à rebours; rien de plus drôle.

Au bon vieux temps, on disait plaisamment des choses sérieuses — Rabelais, Montaigne, Montesquieu, Molière, Voltaire; — au nôtre, on dit sérieusement des choses plaisantes.

. . . .

Nos pères étaient rieurs : nous sommes gobeurs. On flattait le roi : nous flattons le peuple, — depuis que le peuple est roi. — On secouait de temps en temps les jésuites, on leur faisait prendre l'air : nous leur accordons la collation des grades aux jésuites. Nos pères étaient pauvres : nous sommes riches, très-riches, les hôpitaux foisonnent. De leur temps, les femmes, tout en ne faisant qu'un enfant à la fois, arrivaient souvent à la douzaine : nos femmes, lorsqu'elles daignent être mères, le sont rarement plusieurs fois. Les enfants étaient sottement présentés à la mamelle : nous les présentons scientifiquement au biberon ; ces mêmes enfants étaient élevés en enfants, c'est pourquoi ils devenaient hommes : nous, nous traitons nos enfants en hommes, c'est pourquoi les hommes restent toujours enfants. Nos pères décentralisaient : nous centralisons. Ils avaient un Roi, un Pape : nous avons cent rois, cent papes ; ils avaient une Patrie ; hélas ! il n'y a plus que des partis.

Respirons..., la kyrielle serait trop longue.

Est-ce là du progrès ?

Soyons Français ; considérons l'état actuel de la France, et demandons-nous si, depuis 89, ou peu après, au lieu d'aller de l'avant, nous n'allons pas de l'arrière ?

A cette époque, un homme pouvait s'écrier, sans être contredit : « Le Tiers, c'est le Tout. » Le tout, c'est l'union ; il y avait alors union et communion.

Le pourrait-il maintenant ? Non.

Le peuple français a fait place au peuple légitimiste, au peuple impérialiste, au peuple orléaniste, au peuple papiste, au peuple républicain libéral, au peuple républicain radical. Les partis ont remplacé la patrie.

Non, le peuple n'est plus le Tout ; il y a malheureusement division. Il pourrait même se réduire à rien, ce peuple, cela dépend de quelle manière, et par qui, oui, par qui ! la division de la nation serait faite.

S'il n'était qu'au delà des frontières, l'ennemi, la France, malgré ses revers, serait encore la reine du monde. Il est partout, l'ennemi, au delà et en deçà.

Sans m'en douter, me voilà tombé dans les cordes graves ; il est trop tôt, remontons.

Nous parlions politique... Au besoin, on pourrait fondre certaines couleurs dans la même nuance — pas très-solide la couleur politique! — On a vu des légitimistes, des orléanistes, voire des papistes, devenir impérialistes, et réciproquement; puis, tous ensemble, coiffer le bonnet populaire. On a vu le républicain radical devenir républicain libéral; on a vu... Que n'a-t-on point vu? Je me trompe, on n'a point tout vu; qui a vu le cul de plomb quitter le rivage? qui a vu le rêveur lâcher le nuage?

Comment mettre en branle le premier? Comment faire descendre le second?

Ces deux classes qui obstruent tous les rangs; qui s'opposent au relèvement de la patrie, se dénombrent par millions de têtes, ou de sujets, comme vous voudrez. En voici une courte définition:

Le cul de plomb est un lest sans ballon : rivé au rivage; le rêveur est un ballon sans lest : perdu dans les nuages; l'un regarde de trop près, l'autre voit de trop loin; le premier découvre une montagne dans tout grain de sable; pour le second, les plus hautes cimes ne sont pas même des grains de plomb; pendant que celui d'en haut, s'écrie : *Il n'y a plus de Pyrénées...*, celui d'en bas répond : *Il y a partout des Pyrénées...*

— Montez! vous verrez.

— Descendez! vous vous convaincrez.

On ne veut pas monter; on ne veut pas descendre; en attendant, l'homme de progrès est retenu prisonnier entre ces deux visionnaires.

Nous ne bougeons pas; nous sommes stationnaires. Si nous remuons, c'est pour tourner sur nous-mêmes, mais sans avancer. De la royauté séculaire, nous passons à la royauté populaire : 1830 : toujours la royauté; de l'empire, nous retombons à l'empire; de brumaire à décembre : pis que la royauté; de la république tricolore, nous nous laissons dériver à la république incolore : encore la royauté.

Mouvement de rotation, soit; mouvement de translation, non.

Nous voilà, pour l'instant, en République. Qu'est-ce que la la République? Un mot. Ne vous récriez pas; grattez, vous retrouverez la monarchie dessous. L'étiquette : RÉPUBLIQUE appliquée sur le dos du Gouvernement, peut ne pas signifier davantage que l'étiquette : CHARTREUSE, collée sur une bouteille d'eau claire.

Le plus curieux, c'est que ce système d'évolution a été presque aussi fatal aux rois qu'au peuple. L'exil pour tous, la mitraille en plus pour le peuple. Les rois, il est vrai, nous ont dit *au revoir*, les mains pleines ; le peuple s'en est allé à Lambessa ou ailleurs, sans grande monnaie. C'est toute la différence.

Il serait temps, grand temps, de changer tout cela. Les exilés, les morts même reviennent : la France n'en revient pas.

Toutes ces substitutions, qu'on décore à tort du nom de révolutions, n'ont engendré, en fait de progrès, que la haine. Haine politique d'abord, haine sociale ensuite : deux sortes de haines qui font oublier la vraie haine, la haine nationale, la haine de l'étranger. *Les peuples sont pour nous des frères, des frères, des frères…*, chansons ! Nous les avons vus à l'œuvre, nos bons frères les Anglais, nos bons frères les Italiens, en 1870 ; nous les avons vus ! S'il est temps d'abolir les douanes, les temps de l'abolition des frontières ne sont pas encore venus.

En France, nous nous regardons tous de travers : strabisme politique ; nous sommes à hue et à dia ; nous nous détestons tous cordialement. Aussi, d'instinct, disons-nous sans cesse, depuis… depuis longtemps, qu'*il y a quelque chose dans l'air !* Rien de plus vrai. Dans l'air ! *Il y a toujours le gouvernement ou le peuple..*

Faut-il dire la cause de cette balançoire politique ? de ces bonjours, de ces bonsoirs ?

C'est d'une simplicité abécédaire. Voyez :

Si, à peine installés par la Liberté, les gouvernements ne s'empressaient pas de la congédier, la Liberté, à son tour, n'aurait aucune raison de les mettre à la porte.

Voilà pour les révolutions de surface, — j'allais dire de façade, — qu'on peut appeler des substitutions ou des subrogations puisque l'hypothèse reste.

Faut-il, maintenant, donner la raison du bouleversement autrement profond qui nous mine ; en un mot, de notre reculade, car il y a reculade ; le faut-il ? Eh bien !… Eh bien ! non, ce sera pour une autre fois ; la bouchée serait un peu forte.

II

S'il **y** a des milliers de professions, il n'en existe que de deux
genres : la profession passive, celle que nous exploitons ; la
profession active, celle qui nous exploite. La première est née
de nos besoins ; la seconde, du besoin des autres.

Dans les mœurs, dans les formes du pouvoir, dans la pratique industrielle, l'humanité a débuté par le simple. C'est la
feuille de vigne, le chef d'incursion, le caillou tranchant. Puis,
la simple feuille se cache sous la toison, le capitaine devient
roi, la pierre devient fer. Çà se gâte. Ensuite, l'artisan remplace la peau de mouton par le sayon, par la tunique, la toge,
le peplum, l'habit, le veston ; par la braie, la culotte, le pan-
talon. Le roi providentiel, — un tyran, — dégénère en roi con-
stitutionnel, — un dentiste.

Enfin, enfin, — l'exemple vient de haut — tous dentistes.

Il y a, disons-nous, les professions passives, celles que nous
exploitons, nées de nos besoins : laboureurs, forgerons, char-
pentiers, jardiniers, tailleurs, maçons etc.; les professions ac-
tives, celles qui nous exploitent, nées du besoin des autres.
Ainsi, le malade n'a pas absolument besoin du médecin : le
médecin a absolument besoin du malade ; la dent se passerait
fort bien du dentiste : le dentiste ne saurait manger sans
nos dents ; on peut parfaitement vivre sans se droguer : pour
vivre, l'apothicaire a besoin de nous faire avaler ses drogues.

Ainsi de suite, à l'infini.

C'est un malheur. Cependant, il faut bien reconnaître que
s'il est facile d'arracher une dent, ce n'est pas toujours sans

effort qu'on parvient à nous arracher la mâchoire ; ce n'est, certes, pas toujours sans peine qu'on nous envoie promener sur l'autre bord.

Tout cela exige un travail, un apprentissage.

Mais, il est une profession, il en est une, une, une seule, unique en son genre ; une, qui se passe de tout travail, de tout apprentissage ; une, qui procure honneurs et profits ; une, le rêve des épouses, le rêve des mères ; une, l'espoir de la patrie ; une ! c'est la profession... de foi.

Rarement, très-rarement, l'invention profite à l'inventeur. Voyez la France ; elle invente la Liberté. Qui bénéficie de la Liberté ? A coup sûr, ce n'est pas la France. Voyez les Apôtres de l'an I, et ceux de l'an 1789. Pas besoin de sourire ou de s'indigner, la comparaison est exacte. Malgré la différence d'expressions, le fond reste le même : les uns et les autres ne proclament-ils pas les Droits de l'homme ? Qu'a rapporté aux premiers leur profession de foi ? Qu'a-t-elle rapporté aux seconds ? Le martyre.

En revanche, les successeurs..... Parbleu ! ce sont toujours les neveux qui héritent. Voyons les neveux :

Les uns, élus de Dieu ; les autres élus du Peuple : voix du Peuple voix de Dieu : idem.

Ceux-là nous chantent des messes ; ceux-ci nous chantent des promesses : idem.

Prélats, abbés et députés, même manière d'opérer. C'est identique, et c'est admirable : au rebours des négociants, ces messieurs nous vendent comptant, et ne nous livrent qu'à longue, longue échéance : idem.

Enfin, le peuple de Dieu peut se prélasser ; les dieux du peuple peuvent se goberger ; leur tête n'a plus rien à craindre. Plus de Nérons ni de Dioclétiens, encore moins de Maximiliens, le seul ennemi à redouter, c'est : la goutte : idem, idem.

Les oncles ressemblent aux oncles, les neveux ressemblent aux neveux.

Qu'est-ce qu'une profession de foi ?

Une profession de foi, c'est une obligation sans échéance ; c'est un engagement sans sanction ; c'est, en langue vulgaire, la flatterie de tous les plumages, en échange d'un fromage.

— *Vous êtes le Phénix des hôtes de ces bois.*

— *L'électeur, à ces mots, laisse tomber sa voix.*

Elle n'est pas perdue pour tout le monde.

Soyons justes. Les renards sont-ils tous de mauvaise foi? Je suis électeur, et je me demande sincèrement si la crédulité se trouve de mon côté tout entière. J'en doute.

Qu'on me dise, à chaque instant: tu es malade ; je finis par appeler mon médecin. Qu'on me repète, en m'encensant: tu es un dieu ; je finis par me croire un dieu. Nul doute à cet égard, notre misérable nature est ainsi faite : j'en appelle à Argan, aux empereurs chinois, grecs, romains et même contemporains.

Quoi d'étonnant, alors, que le Ruisseau ne se prenne pour l'Océan, si l'Océan le supplie de lui octroyer quelques gouttes? Ceci nous regarde. L'Océan, c'est le Peuple, qui demande l'aumône à l'Individu, le Ruisseau.

En France, le peuple ne se compte pour rien. Il rapporte tout à un homme, tout: fortune et misère, bonheur et malheur, chute et ascension, tout. Cela tient, pour le peuple, à un vice de tradition, pour les fils du peuple, à un vice d'éducation. Interrogez l'écolier ; demandez-lui les causes de la décadence de Rome, de la décadence d'Athènes ? Il répondra : c'est Marius, c'est Sylla, c'est César, c'est Alcibiade, c'est Cléon.

Faites la même demande au peuple sur les causes de la Révolution ? Il citera aussi quelques noms. Qu'on nous demande à tous, sottement : Qui a pourri la France ? En chœur : C'est Napoléon. Des noms, toujours des noms.

Voilà où nous en sommes. Heureusement, la France n'est pas pourrie ; la France, c'est encore la poutre la plus solide de tout l'édifice européen.

Israël avait des boucs ; nous avons des rois : boucs et rois, loin d'emporter nos péchés dans le désert, n'emportent pas toujours leurs propres fautes. Les rois s'en vont, le mal reste.

Un homme est un homme, rien de plus. Un homme, quelle que soit sa grandeur d'âme, n'a pas du cœur pour tous ; un homme, quelle que soit la profondeur de sa corruption, n'a pas assez de pourriture pour la déverser sur tous.

Tarquin viole Lucrèce : la Royauté est abolie.

Napoléon viole la Constitution : l'Empire est proclamé.

Qu'est-ce que cela prouve ?

Cela prouve que dans chaque Romain se trouvait un Brutus ; que dans beaucoup de Français se retrouvait un décembriste.

Mille mouches ne sauraient ni ébranler ni arrêter un coche. De quel poids est un homme sur le dos d'un peuple ? Que pèse-t-il ? Que ce peuple soit éperonné ou refréné par un roi, un consul, un empereur, un président, un représentant, il n'en marche pas moins d'un pas égal vers sa destinée. il monte ou il descend. Un homme n'est qu'un accident, il n'est jamais une cause.

Les Pisistratides, les Périclès, les Cléon, les Alcibiade, les Pisandre, les Socrate, les Platon, les Démosthènes, les Phocion ; les Scipion, les Marius, les Scylla, les Cicéron, les César, les Brutus, les Caton, tous également impuissants à retenir ou à pousser Athènes ou Rome sur la pente de la dissolution. De même, les Rois, le Clergé, la Noblesse, l'Étranger, rien n'arrête la France sur la route de la Révolution. Malgré les rois, les peuples en voie d'ascension s'élèvent ; malgré les républiques, les peuples en voie de déclin chutent. La forme, une ombre ; la chose, c'est le fond : il y avait plus de rois à Athènes qu'à Sparte.

Sparte, avec ses deux rois héréditaires, est aussi grande, aussi libre que Rome avec ses deux consuls populaires ; elle est plus fière : Rome a des murailles, Sparte n'en veut pas.

Les vrais, les seuls conducteurs des peuples, ce n'est ni les rois, ni les consuls, ni les empereurs : c'est les mœurs.

Qu'est-ce qui fait les mœurs ? Les mœurs !... Mais, où sont nos représentants ? Où sont-ils ?... Nous sommes haut, descendons, nous les retrouverons.

Celui qui connaît bien son temps, connaît tous les temps ; les costumes, les décors, les hommes passent ; l'homme reste.

Les anciens étaient de leur temps ; c'est pourquoi ils sont encore du nôtre.

Bien que chaque époque ait ses tendances, ou mieux sa veine que les habiles s'empressent d'exploiter, le mobile est toujours le même. Aux temps homériques, c'est Ulysse qui écume les mers et ses compagnons. Ils s'en plaignent : « *Nous sommes, disent-ils, les compagnons de toutes ses courses, nous partageons les mêmes dangers, et nous rentrons dans nos maisons les mains vides.* » Du temps de Platon, les rhéteurs débitent, au poids de l'or, leurs monades. Un peu plus tard, sur un signe de Paul Emile, leur vainqueur et leur détrousseur, les Grecs envahissent, à leur tour, l'Italie, où ils retournent poches et mœurs. Les Romains opèrent les Grecs par le fer; les Grecs opèrent les Romains par le vide. *Picpockets,* saluez vos maîtres !

En vrais virtuoses, les disciples de Pythagore, de Zénon, de Démocrite, d'Epicure, de Platon, ont hâte de troquer leurs variations contre les sesterces romaines qui, mieux que leurs élucubrations, procurent les diverses commodités de la vie. En un clin d'œil, cervelles, mœurs et goussets, tout est vidé.

Le métier paraissant bon, Rome fait concurrence à Athènes. Aussi, voyons-nous Cicéron retirer du seul fonds de Platon, de quoi acheter maisons de ville et maisons de campagne. Le jeu est d'autant plus innocent, que son *Traité de la République* ne le gêne nullement pour crier : Vive César ! Vive Pompée ! Vive Octave !

Donc, ne pouvant être épiciers, faute de stéarine ou de gruyère; ne pouvant davantage être banquiers ou caissiers, faute de papier ou de trains directs pour Bruxelles, les malins du temps se font philosophes. C'est alors la veine de la philosophie qui procure le *souverain bien.* Elle suit immédiatement la veine de la piraterie. Ensuite..... fermons les yeux sur la veine de la théologie ; dédaignons les filons de la papeterie, de l'apothicairerie, de la médecinerie, de l'avocasserie : mesquineries. De nos jours, c'est la veine de l'épicerie ; c'est la veine de la commandite et de l'anonyme, deux sœurs, qu'ont épousées les Saint-Simoniens.

Les Ulysses de jadis seraient aujourd'hui gérants, boursiers; les philosophes pèseraient de la cassonade ; nos bons amis les épiciers, les boursiers, auraient mis en cornets des monades. Tous se seraient enrichis. Vous le voyez, pas moyen d'en sortir de cette maudite marmite; la marmite, toujours la marmite. Terre !.... Nous revoilà nez à nez; qu'en dites-vous, messieurs les députés ?

Et ces promesses ? Ces vieilles promesses ?

Je ne veux surprendre personne; réfléchissez. Entre temps, disons un mot de la marmite. A l'oreille : Ce n'est pas sur la marmite que la 46e et la 32e se jetaient! eh!

Nous le savons, tout change. La marmite de 1830 n'est déjà plus celle de 1820; celle de 1870 ne ressemble en rien à celle de 1830; que sera celle de 1880? que sera celle de 1890?

Quant à moi, je ne prédis rien, et pour cause. Les moines prédisent la fin du monde : l'an Mille passe ; les terres leur restent, mais la Terre marche malgré eux, il est vrai, et fait, depuis, un assez joli bout de chemin. Montesquieu, moins malin, ne prédit que la fin du catholicisme. Napoléon, lui, voit les Cosaques à cinquante ans de distance; il n'aperçoit pas Sainte-Hélène beaucoup plus rapprochée : ni myope, ni presbyte ; Napoléon : un canon. Proudhon — qui le croirait d'une pareille vue ! — Proudhon, en 1851, ajourne à 1876 la décollation définitive du papisme : bien touché ! c'est la collation des grades.

En sous ordre, viennent ensuite les prophètes de l'Aurore. Il y a plusieurs sortes d'aurores. D'abord, la vraie Aurore, l'aurore *Nature.* celle qui se lève de bonne heure pour ouvrir l'étable aux bœufs, celle que chantent les coqs. Il y a l'Aurore chantée par les poètes, c'est celle de Fénelon ; c'est l'Aurore aux *doigts de roses*, celle qui entr'ouvre les rideaux au soleil, entre dix et onze heures. Les poètes ne connaissent que celle-là; ils seraient bien fâchés de connaître l'autre ! La troisième Aurore, la plus belle, la dernière, c'est l'Aurore populaire. Si ceux qui la chantent la voient jamais, ils seront les premiers à s'écrier : *Retro Satanas !* Cette Aurore, nul œil ne l'a vue; ceux qui croient l'avoir entrevue, affirment que son sceptre est un soc, son trône une enclume, sa couronne deux mots : *Travail obligatoire.*

Le jour de son apparition, ce jour-là, toutes les marmites du monde voleront en éclats !

Eh bien! la marmite de 1820 était une magnifique et plantureuse marmite : moins de 100,000 électeurs autour de la soupière ; jugez de l'ampleur du bouillon ! Celle de 1830, également très-ample, ne servait guère le potage qu'à 240,000 invités : il y avait encore de quoi se lécher! 1820! 1830! c'est alors

le bon temps où le député promettait et tenait. C'était facile.
Le gouvernement n'avait qu'à mettre la main à la poche. Aus-
sitôt, préfectures, recettes générales et particulières, sous-pré-
fectures, fournitures publiques, pensions, etc., pleuvaient ;
pour les roquets, les justices de paix, les services secrets,
l'enregistrement, les postes, les douanes, le tabac, suffisaient.
Ça allait, chacun trouvait son compte. Qui ne connaît le lé-
gendaire bourgeois de 1830, improvisé préfet, juge, sous-préfet, juge de paix ? Pas un manchot parmi ces invalides.

Par malheur, ou par bonheur, comme vous voudrez, un beau
jour le peuple évente l'odeur du potage. Ce fumet de curée
chatouille son obtuse narine : l'odeur du sang... voilà le lion
éveillé. L'appétit vient en mangeant, il vient aussi en voyant
manger. 1848 arrive. Tout le monde se précipite, tout le
monde vient barboter. Bonaparte nous prend à cette soupière.
Quel traquenard ! pauvre, pauvre lion populaire ! Pauvre
France ! voilà le bouillon que le suffrage te réservait ! celui de
1870 a failli être pour toi le bouillon de onze heures.

Tenez, n'en parlons plus de vos promesses ! On vous accorde
tout : les lenteurs de la petite vitesse, vos bonnes intentions,
les terres du Sénat à traverser, tout. La vérité toute crue,
c'est que nous sommes aujourd'hui DIX MILLIONS à contenter.

III

Avant de continuer, une poignée de main au Sénat.

Lorsque le Peuple occupe le coin du feu, on s'empresse de porter les bûches dans une autre chambre.

Vive le Sénat!

C'est égal, il faut tout de même avoir la langue libre pour oser ainsi donner de la voix! Autant crier, il y a vingt ans : Vivent les traités de 1815! Eux aussi nous avaient été imposés; ce qui prouve que les plus lourds fardeaux ne sont pas toujours ceux dont on nous charge. S'ils étaient encore debout, ces traités abhorrés, l'Italie et la Prusse seraient à naître.

Une fois pour toutes, servons-nous chacun de nos yeux, c'est le seul moyen de distinguer clairement les choses. Parmi les diverses causes de cécité, la plus commune et la moins connue, c'est les yeux des autres. Cela est trois fois certain. Trompons-nous, nous acquerrons de l'expérience, mais soyons nous. Ah! si chacun se donnait la peine de regarder avec ses propres lunettes! adieu les partis, adieu les papes, adieu les rois!

J'y reviens, malgré moi : Vive le Sénat! Éternellement, non; mais la France — vous ne vous y attendiez pas — la France a besoin du Sénat encore quelques années. Ce cri, isolément et tout haut poussé, combien dans la Chambre basse le répètent tout bas! Et ce ne sont ni les moins avancés ni les moins patriotes, vous pouvez le croire.

Pour sauver le Capitole, les Romains s'en rapportèrent jadis aux oies. Personne, chez nous, ne compte sur le Sénat. Moi, je dis qu'il nous sauvera, non des Gaulois, mais de l'indifférence politique, laquelle suit l'indifférence religieuse, et précède l'indifférence patriotique. L'histoire est là. Les dieux défilent les premiers ; le gouvernement les suit ; la patrie ferme le cortége. Grâce à Dieu, nous avons du temps devant nous ; comme partout, nous n'en sommes qu'à l'indifférence religieuse.

N'ayant jamais conservé un seul gouvernement, on baptisa le Sénat du nom de conservateur, par antiphrase. Il n'en sera plus ainsi désormais ; il conservera bel et bien la République. Alors : Vive l'entêtement ! Vive la force d'inertie ! Vrai, les vues de la Providence sont admirables : c'est la louve qui allaite l'enfant.

Entre nous, sans messieurs du Sénat que serait devenu l'honneur de la signature ?

On s'est revu aux vendanges.

— Et l'amnistie ? Réponse : c'est le Sénat.

— Et la séparation de l'Église et de l'État ? — Le Sénat.

— Et l'instruction obligatoire ? — Le Sénat.

— Et la liberté d'écrire, de parler, de se réunir, de s'associer, etc ? — Le Sénat.

— Et l'émancipation communale ? — Le Sénat, parbleu ! le Sénat.

Tout cela est vrai ; mais, sans le Sénat ? Ah ! messieurs les députés, quelle bonne planche vous avez là ! Les peuples ne vivent qu'un temps de promesses. Le peuple romain attend un siècle les promesses de ses Tribuns et celles du Sénat. Les Tribuns, le Sénat, promettent et ne partagent pas ; tant pis, c'est le Dictateur, c'est l'Empereur, c'est Scylla, c'est César, c'est Auguste qui partagera : trop tard, hélas ! pour la République.

Voilà bientôt cent ans que le Peuple Français attend les promesses de ses Bourgeois.

Tirons le rideau, aimons la France, ayons la foi.

Le Peuple dit au Sénat : Soyez aussi républicain que moi.

Il dit aux Représentants : Ne soyez pas plus révolutionnaires que moi.

Rome demandait le bœuf ; la France ne demande que l'œuf :

rien que la Liberté, la Liberté toute nue. Cet œuf bien réchauffé, bien couvé, la poule éclora toute seule, et sans danger pour personne.

Messieurs les sénateurs, voulez-vous, comme autrefois, être appelés les pères de la patrie? Laissez passer la Liberté; mettez si vous le voulez, l'embargo sur tout le reste. La Liberté pour tous, y compris ceux qui, en 1871, avaient faim.

Maintenant, retournons à la nomenclature. On ne peut tout avaler à la fois; mais, patience! petit à petit, Bouchée à Bouchée, nous finirons par goûter à tous les plats.

Séparation de l'Église et de l'État. — En bon français, cela s'appelle enfoncer une porte ouverte. De l'empereur Julien à Henri IV, la séparation n'a lieu que par intermittence, c'est l'édit de Nantes qui la consacrera.

Julien dépouille l'Église enrichie des revenus des temples païens : « Votre religion, dit-il malicieusement aux chrétiens, vous défend les richesses, et promet aux pauvres le paradis; attendez, je m'en vais vous en aplanir la route. » Il tient parole.

Charles-Martel, après la victoire de Poitiers, dépossède, à son tour, le clergé, en distribue les biens à ses compagnons d'armes.

Saint Louis, qui n'était pas un saint à mettre en niche, prend aussi quelque chose à l'Église ; il ne se laisse rien prendre par personne, saint Louis.

Philippe le Bel, lui, y va plus carrément. Pendant que d'une main il soufflète l'Église, de l'autre, il saisit à la bride, les mulets ultramontains sur le point de franchir les Alpes, pesamment chargés, non de reliques : ils retournaient, mais de ces bons écus de France tant sués ! C'étaient les annates ; c'est aujourd'hui le denier. Quel gaillard que ce Philippe! Si le roi-douanier vivait, que tu aurais du mal à sortir, pauvre petit denier de saint Pierre !

Le clergé ! toujours voleur, toujours volé.

Nous arrivons à 1598. Le bon Henri va à la messe ; mais, il permet aux autres de ne pas y aller : un peu jésuite le Béarnais. Sully, son premier ministre, reste protestant, Lesdiguières aussi, et tant d'autres. Ce patriotique édit de Nantes reconnaît aux réformés les mêmes droits qu'aux purs catholiques. La loi remplace la simple tolérance. L'égalité des cultes devant la loi est proclamée en même temps que l'impartiale admissibilité à tous les emplois du royaume. L'État devient neutre, l'État se détache ; c'est fini, le divorce est consommé.

1789, c'est la débâcle. L'ennemi viole la frontière. On lui jette tout à la tête : tricornes, crosses, mitres, bonnets, châteaux, abbayes, prieurés, clochers et cloches. Chapeaux bas, enfants! Vénérons nos Pères, nos Pères nous aimaient. Contre tous, ils protégèrent nos berceaux ; en retour, ils nous demandent, nos Pères, de nous unir pour ne plus laisser violer leurs tombeaux... Vivent nos Pères! c'étaient des héros.

L'ennemi repoussé, on s'arrange. L'État ne revient pas à l'Église; c'est l'Église qui revient au giron de l'État.

Ah! si, plus clairvoyante, l'Église eut pris elle-même l'initiative! Si l'Église se fut séparée d'elle-même de l'État!

Il est trop tard. L'Église a abdiqué en signant le Concordat. De par le Concordat, l'Église s'est vu reléguer au bas bout de l'immense table d'hôte de l'État. La papauté a souffert que la grande majorité du clergé vînt après le plus mince agent de police !

Après cela, parlons encore sans rire de la séparation de l'Église et de l'État! Songeons plutôt à la séparation de la Commune et de l'État; c'est là la grande affaire.

Si l'État, si une partie même du peuple, ce qui est autrement grave, ne tient plus à l'Église, si l'Église ne tient plus à l'État que par un fil, le fil budgétaire, gardons-nous de trancher ou de biffer; la femme y tient encore par le cœur à l'Église, et c'est son droit. Croyez-moi, laissons l'Église tranquille, les femmes aussi font des coups d'État...

Tranche-t-on la tête au crime en décapitant les criminels? On ne tranche pas davantage la tête aux idées. Ce n'est ni le sabre ni la loi qui font la lumière. La nuit ne s'efface que devant le jour. La lumière seule chasse l'ombre. Au reste, l'État n'a jamais soutenu l'Église; l'Église n'a jamais soutenu l'État ; l'Église et l'État, deux lierres, l'un et l'autre soutenus par le tronc populaire.

Instruction gratuite et obligatoire. — J'en suis.

Mais, à la condition de faire de la pratique. Sans quoi, de la théorie on tombe dans la mythologie, et, finalement, on se noie dans le gâchis. Pour traiter, comme il le mérite, un pareil sujet, cent pages ne seraient pas de reste. J'ai devant moi une centaine de lignes, à peine de quoi repérer. Jetons, quand même, un coup d'œil en attendant de pouvoir examiner à la loupe.

D'abord, entendons-nous ; veut-on faire des savants, de purs savants ? Ce n'est pas la peine. Sur dix mille savants, il s'en trouve quelquefois un qui ajoute une page ; tous les autres sont des tourneurs de pages. Quarante têtes de savants ne trouvent pas toujours une tête d'épingle. Chacun sait ça. Veut-on faire des hommes ? C'est différent. En ce cas, l'enseignement est à changer, les maîtres sont à former. Ce n'est pas une mince affaire.

Développer la tête et laisser atrophier les bras, rien de plus déplorable. Cette rupture d'équilibre, après avoir amoindri l'individu, finit par entraîner l'État. Les bras ! les bras ! Les bras seuls maintiennent la tête ; seuls, ils l'empêchent de se courber. Ce sont les bras qui repoussent les entraves ou qui les brisent. Les bras seuls donnent la liberté. Il n'y a de peuples libres que les peuples qui ont des bras. Six mille ans d'histoire en font foi. Elle nous apprend, l'histoire, qu'à mesure que l'ignorance pousse des ailes, l'ignorance perd ses bras. Athènes ignorante repousse l'Asie, l'envahit ; savante, Athènes est soumise par Sparte ignorante. Les Romains ignorants soumettent le monde ; savants, les Romains sont soumis par les Barbares. Est-ce la science qui a renversé la Bastille ? Ce sont les bras. Mieux vaudrait la liberté avec l'ignorance, que la servitude avec la science. Ce qu'il faut, c'est l'alliance de la tête avec les bras.

La question ainsi posée nous mènerait loin, tenons-nous en à l'actualité.

Qui paiera le maître d'école ?

Qui prendra les enfants aux parents, surtout à ceux qui ont besoin de leurs enfants ?

Gratuité, impossible ; Liberté, violée.

Tels sont les prétextes invoqués par les adversaires de tout enseignement. Ils sont maigres les arguments. D'une part, le maître est si peu exigeant ; de l'autre, l'État, les communes, ont tant d'abus à raser, tant de sinécures à supprimer, tant de cumulards et de sixièmes roues à remercier, qu'on trouverait, sans le percepteur, l'obole du pauvre. Le maître d'école passe avant M. le sous-préfet, avant M. le receveur, avant M. le commissaire de police. A défaut de la Commune et de l'État, les pères de famille puiseraient dans leur dévouement les frais de l'instruction préliminaire.

Quant à la liberté..., *il est avec le ciel des accommodements...* il y en a aussi avec les parents. On s'arrangerait à l'amiable. Les parents livrent bien à l'État leurs enfants ; à l'État qui les envoie mourir, sans raison, en Crimée, en Italie, au Mexique, à... — ma plume tremble ; — pourquoi, ces mêmes parents les lui refuseraient-ils, lorsqu'il s'agirait de les envoyer quelques heures sur les bancs ?

Des raisons, cela ! des enfantillages. Abordons la réalité ; avec elle, il ne sera plus permis de chicaner. La réalité, c'est la difficulté, et c'est l'évidence.

Entrer à l'école, c'est facile ; le difficile, c'est d'en sortir.

Sortirons-nous tous de l'école à 14 ans ? Rien de mieux : nous serons tous paysans ou artisans. Mais, si les uns en sortent à 14 ans, les autres à 20 ans ? Il y aura alors des ignorants et des savants. La Science est l'ennemie de l'Ignorance, et réciproquement. Voilà la lutte qui s'engage. Le résultat est connu d'avance ; malgré le nombre et la force, les travailleurs seront *tombés*. Hercule, en personne, serait roulé, s'il s'avisait de faire avec Robert-Houdin ou Bosco une partie de piquet. Comment empêcher la lutte entre la Science et l'Ignorance ? La France en a les reins brisés. Première difficulté.

Quitterons-nous tous l'école, en même temps, aux approches de la majorité ? Que faire ? Produirons-nous ? Il le faut, camarades, car, avant tout, il est indispensable de manger. Un moment ! à côté de l'instruction obligatoire, se trouve le service obligatoire. De droit, à vingt ans, tout Français appartient au Gouvernement. En fait de travail, c'est la charge en plus ou moins de temps. Le gouvernement nous quitte, c'est la faim qui nous prend. La faim est mauvaise conseillère. Elle nous l'a cruellement prouvé. Deuxième difficulté.

Reste l'instruction professionnelle. C'est la seule à désirer.
Travailler et penser ; développer le bras et la tête ; faire de la
pratique et de la théorie : voilà la vérité d'accord avec la liberté.
Ne jamais oublier que la théorie est fille de la pratique. La matière a existé avant l'analyse de la matière ; l'existence des
corps a précédé la naissance de la chimie ; l'éloquence a de-
vancé la rhétorique. La plus belle théorie, soit industrielle,
économique, sociale ou politique, jetée dans le moule de la pratique, en sort méconnaissable. C'était un Adonis, l'épreuve en
fait un monstre. Il est tout aussi impossible de faire de la pratique avec la seule théorie, que de faire un portrait ressemblant
avec une ombre. Donc, pratique et théorie. Mais avant ? Oui
avant. Croit-on qu'il n'y ait qu'à se baisser ?

Pour labourer, les bœufs sont loin de suffire ; il faut encore
la charrue ; après la charrue, le champ ; pour labourer seulement. Pour récolter, il faut la semence, la pluie, le soleil, enfin
le temps. C'est tout une affaire. J'ai vu faire de la pratique
toute ma vie : je suis fils de paysan.

C'est bien. Nous avons à l'école cinq millions d'enfants. Et
l'outillage ? Et les ateliers ? Et le champ ? Et l'enseignement ?
Et l'indemnité légitime aux intérêts pendants ? A côté des milliers de fermes-écoles, des milliers de construction-écoles, des
milliers de serrurerie, de menuiserie, de forge, de mécanique-
écoles, il y aura, de toute nécessité, des milliers de physique-
écoles, de commerce-écoles, de belles-lettres-écoles, etc., etc.
Poursuivons. Tout est prêt : champ, enseignement, ateliers,
outillage. La société tout entière entre à l'école, et s'y trouve
emprisonnée ; en dehors, il n'y a plus de vie. C'est un rema-
niement de la base au sommet. Dans cette confusion, dans cette
solidarité de tous les intérêts, l'État fait la cabriole et disparaît.
Bien entendu, on n'enseignera que les professions utiles. A re-
construire l'édifice, ce n'est pas pour y laisser des lézardes ; un
seul vice oublié, c'est tout à recommencer. Donc, les professions utiles seront seules enseignées et tolérées. Alors, ce n'est
plus la menace, c'est la ruine, c'est l'écroulement de la vieille
société. La solidarité des intérêts a déjà enlevé sa première
aile au budget ; la suppression des cafés, des alcools, du tabac,
etc., etc., etc., arrache sa seconde aile à l'État. Ainsi, voilà

l'enseignement qui, sans pétrole, fait flamber Grand-livre et Gouvernement !

Tout cela arrivera ; non de par la violenee ni de par la loi, mais de par le temps, ce collaborateur indispensable. Brusquer le temps, c'est l'avortement ; bon gré mal gré, il faut attendre le terme. Ce n'est ni avec les fers, ni avec des formules qu'on fera jamais d'un embryon un enfant.

Tout le monde travaillera, lorsque tout le monde aura besoin de travailler, pas avant. Une idée est une idée, un fait est un fait. Un fait, c'est la force des choses à laquelle personne ne saurait impunément resister. Une grande route est un fait ; une locomotive, un autre fait ; l'armée, l'argent, d'autres faits. Quel sera le fait qui rendra le travail obligatoire ? Peut-être le fait du maintien des armées permanentes ; peut-être, le fait de leur suppression ? Supprimer l'armée, c'est supprimer l'emprunt national et international, et partant réduire l'intérêt du capital au point de le rendre illusoire. Maintenir l'armée, c'est la banqueroute emportant le service de la rente. Le travail apparaît au bout de ce branle-bas.

Que le travail nous arrive par ceci ou par cela, peu importe. Nous ne prédisons rien, la vue de l'homme est si courte ! N'est-ce pas la royauté qui a ébranlé la royauté ? N'est-ce pas la papauté qui a achevé le clergé ? Si elle n'était immortelle, la Révolution serait de même étouffée par certains révolution- naires. Parmi les contemporains du Christ, qui a vu le Chris- tianisme ? Est-ce que les deux Républiques françaises ont vu les deux Napoléon ? 1830 a-t-il vu Louis-Philippe ? Louis- Philippe a-t-il vu 1848 ? Napoléon Ier a-t-il vu Saint-Helène ? Napoléon III a-t-il vu Bismarck, bien que ce dernier, en 1866, l'eût opéré de la cataracte ? Est-ce que Thiers a vu la Com- mune ? Est-ce que la Commune a vu Thiers ? Et quel est celui d'entre nous qui voit 1880 ?

Retourner au passé, impossible : les morts protestent. Dévoiler l'avenir à nos petits enfants, c'est ridicule : nous n'avons à faire que du présent. Empiéter sur l'avenir, c'est laisser le présent en friche, c'est mourir d'épuisement. Ah ! s'il suffisait de montrer la rivière, tout le monde serait général, car tout le monde voit la rivière ; la difficulté c'est d'indiquer le gué. Sans le gué, on se noie à traverser la rivière, et la terre promise reste indéfiniment vierge de l'autre côté. .

Le présent c'est la Liberté. Commençons par le commencement, sans nous inquiéter du reste. La liberté aux pères, d'abord ; les pères libres choisiront sûrement le maître. Point de liberté, point de virilité ! Sans cet éducateur, l'enseignement loin d'émanciper, devient un monstrueux instrument de servitude. De l'air ! De l'air ! la France est anémique, la France a besoin de respirer.

LIBERTÉ. — En quelques lignes, il est difficile de délayer ; aussi, j'en préviens, cette bouchée sera-t-elle un peu dure à mâcher.

On barbote avant de nager ; on bégaie avant de parler ; on déraisonne avant de raisonner. Aujourd'hui ou jamais, nous devons être en âge de raisonner. Tâchons de parler juste de la Liberté.

L'idéal de la Liberté n'est pas le même pour tout le monde. Chacun, d'après ses besoins, se fait une image de la Liberté. Pour les uns, c'est la libre expansion de l'idée : ce sont les moins pressés ; pour les autres, la Liberté, c'est toutes les libertés : ceux-là encore peuvent attendre ; pour le plus grand nombre, l'idéal de la Liberté, c'est le pain de l'indépendance.

Loin de moi la prétention de faire un portrait ressemblant de la Liberté. La Liberté sait se rendre insaisissable, et, mieux que Protée, méconnaissable. C'est pourquoi, nul, jusqu'à ce jour, n'a pu ni la tuer, ni même la garrotter. On peut briser, lier une de ses images ; on peut étouffer pour un temps une de ses variétés ; quant à la Liberté elle-même, jamais.

La Liberté change de forme et de langage avec les divers âges de l'humanité. Comme l'humanité, elle se tranforme, elle marche sans s'arrêter. C'est une femme coiffée d'un bonnet : aux temps d'esclavage, le bonnet est le symbole de la Liberté. L'esclavage est un progrès, il supprime le carnage. C'est le Juste sur le gibet : c'est le servage, encore un progrès. C'est le Rire armé du fouet ; c'est la Science : ce n'est plus que la domesticité. De l'esclave, elle fait le serf ; du serf, le valet ; encore un pas, et l'homme s'élève jusqu'à la réciprocité.

Ne tuez pas, enchaînez : tel est le premier mot de la Liberté.

Le Christ jette au monde le second, lorsqu'il s'écrie : Fraternisez. Plus tard, le cri de ralliement sera : Décatholisez. Maintenant, la locomotive nous crie : Décentralisez, libre-échangez. Un dernier progrès criera à nos petits enfants : Désarmez, travaillez, dénationalisez.

Tels sont les cris, telles sont les métamorphoses, telles sont les étapes de la Liberté.

Oui, la Liberté est insaisissable parce qu'elle est méconnaissable. Pour arriver à ses fins, la Liberté prend toutes les voies, toutes les formes, tous les masques. Si on la chasse des grands chemins, elle suivra les sentiers dérobés. L'empire, la royauté, la grande route, le rail, l'argent, l'armée, agents inconscients de la Liberté !

L'Empire frappe les chrétiens. Il frappe l'ombre, il frappe l'effet : c'est la faim qu'il fallait mater. Mater la faim, c'est l'Empire qui sautait. La royauté croit aussi frapper la Liberté en frappant le peuple et la noblesse : la royauté n'atteint que la royauté. Par la centralisation, elle condense l'explosion ; elle fait de trente provinces le peuple français. Par la démolition des bastilles seigneuriales, elle sape la Bastille royale, que celles-ci étayaient. La Royauté lance ses dragons sur la Liberté ; l'Église la couche sur ses bûchers : aveugles ! C'est l'École des Ponts et Chaussées qu'il fallait fermer ; c'est la lunette de Galilée, c'est Riquet, c'est Papin, c'est sa marmite qu'il fallait briser ! Galilée, Riquet, Papin étranglés, il n'y avait encore rien de fait. L'Armée, l'Argent, seraient venus à la rescousse, ils auraient délivré la Liberté. La guerre, cette mère de la royauté, est en train d'aspirer l'argent, cet instrument de domesticité. L'argent aspiré, adieu la guerre. La guerre morte, adieu la royauté. A défaut de l'argent, à défaut de la guerre, la Liberté aurait trouvé, et trouvera peut-être un autre instrument pour s'imposer.

La Liberté ! c'est toutes les libertés. Une seule exceptée, c'est le privilége déguisé.

La Liberté ! Tous les grands peuples ont été grands par la Liberté. Après Athènes, après Sparte, après Rome, 89 l'a prouvé. C'est l'instinct de la Liberté qui enlève le cœur de la jeunesse et de l'homme fait, aux récits de l'histoire grecque, de l'histoire romaine, de l'histoire révolutionnaire. C'est que l'histoire de la Liberté, l'histoire des nations, est autrement émouvante que les intrigues d'un prince, d'un ministre, d'une maison !

La Liberté ! elle prime la Justice. La Justice procède de la Liberté. Pour protéger, pour venger, pour se déterminer, avant tout, il faut être libre.

La Liberté ! la vue, l'ouïe, la parole, le flair, l'appréhension, la locomotion, le sentiment, la pensée, ont un organe spécial : l'œil, l'oreille, la langue, le nez, les mains, les pieds, le cœur, la tête ; la Liberté, c'est la synthèse de tous ces organes de spécialité. Tous concourrent à la conservation ou au recouvrement de la Liberté.

La Liberté ! mais la Liberté est née avec l'homme, elle ne mourra qu'avec l'humanité ; la Liberté, c'est la faculté organique, c'est l'âme même de l'humanité !

La Liberté est immortelle. Le gibet, le glaive, le bûcher, le canon, les proscriptions, les décrets, attestent son immortalité. Ni la force, ni la ruse ne prévalent contre la Liberté. La Liberté, c'est l'immatérialité. L'immatérialité, c'est l'émanation de la matière. La matière émanée, c'est la chaleur, c'est la lumière, c'est la vapeur, c'est l'électricité, c'est la Liberté. La matière de la chaleur, c'est le combustible ; la matière de la vapeur, c'est l'eau ; la matière de la lumière, c'est le soleil ; la matière de l'électricité, c'est la pile ; la matière de la Liberté, c'est l'être animé. Détruisez donc la Liberté ! détruisez donc la Matière !

Faut-il nous arrêter ! Faut-il, après avoir parlé de la Liberté, parler des diverses libertés ! Du type, passer aux variétés, c'est descendre, c'est affadir l'intérêt ; c'est plaider le petit doigt après avoir plaidé la tête. Essayons, quand même, de dire un mot de la liberté de la presse ; peut-être, ferons-nous, en chemin, la rencontre de quelque heureuse variation. Avant d'avoir tenté, que sait-on ?

Les uns ferment la bouche de la presse en invoquant les délits d'intention ; les autres lui délient la langue en ne reconnaissant que les délits d'action. Qui a tort ? Qui a raison ? Les abstracteurs décideront ; ce n'est pas notre affaire. Ce que nous savons, c'est que répondre à une théorie par une théorie ce n'est pas répondre, c'est éterniser les discussions. Les religions, les philosophies, les législations, les constitutions, en sont de frappants exemples. Les syllogismes ne convertissent personne. Avec des raisonnements, on peut fonder des écoles, on ne fonde jamais des institutions. Les institutions reposent sur des raisons ; les raisons reposent sur des faits.

Penser, c'est étendre la main, c'est regarder. Spéculer, c'est fermer les yeux, c'est rêver. En dehors du tangible et du visible, il n'y a que le vide ; en dehors du doigt et de l'œil, point d'autorité ! Le Christ le savait, lorsqu'au milieu du monde esclave et famélique, il laissa tomber cette grande parole : Mes frères ! A ce mot de fraternité, le voile fut déchiré : c'était le cri de l'humanité. Mes frères ! voilà la raison ; la faim : voilà le fait. L'égoïsme avait produit la faim ; la faim produisit le christianisme, institué en principe sur l'égal partage du pain.

Pourquoi fermer les yeux à la vérité ? La vérité serait-elle un monstre qu'on n'oserait fixer ? La vérité, c'est que depuis que le monde existe, il n'y a jamais eu de révolutions religieuses ou politiques pour la forme, toutes ont visé le fond ; d'où un seul révolutionnaire : l'estomac. De nos jours, la main ne fait que déposer le bulletin, c'est l'estomac qui vote : il y a plus d'estomacs vides que d'estomacs pleins. Ne pas confondre révolution et insurrection. L'arianisme, le luthérianisme, le calvinisme, le schisme d'Orient, le schisme d'Occident : insurrections ; Révolution : le Christianisme. 1357 : Marcel ; 1413 : Caboche ; 1648 : la Fronde ; 1830, 1848 : insurrections ; Révolution : 89. Arius, Luther, Calvin, Photius, Urbain VI, Clément VII : insurgés ; révolutionnaire : le Christ. Les bourgeois de Marcel, les cabochiens, les frondeurs, les bourgeois de 1830, les prolétaires de 1848 : insurgés ; révolutionnaires : les Constituants.

A quoi bon nier, discourir ou se lamenter ? Toutes les dénégations, tous les discours, toutes les fistules lacrymales du monde n'empêchent pas, l'heure venue, de capituler. Arrière les endormeurs ! Est-ce que Sedan, est-ce que Paris, est-ce que la Commune ne nous auraient pas suffisamment éveillés ?

Qu'est-ce que la presse ?

Depuis Gutenberg, 420 ans se sont écoulés, et la presse en est encore à espérer sa liberté. Quelle est donc l'influence de la presse, quelle est donc son autorité? Tant vaut l'idée, tant vaut la presse. Ce qui prouve que la presse n'est pas toujours l'expression du vrai. Serait-elle le porte-voix de la vérité, que la presse seule se trouverait impuissante à nous rendre libres. La variété ne produira jamais le type. C'est du type que dérivent les variétés; c'est de la Liberté que procèdent les libertés. Le sifflet, le fanal, indiquent bien l'arrivée de la locomotive: ils ne la font pas avancer ; c'est l'eau vaporisée : un fait, qui donne le branle. Le phare signale bien l'écueil ; c'est la vague: un fait, qui fond le rocher. La presse, comme le sifflet, le fanal, le phare, a beau nous signaler le danger, a beau nous crier : *gare!* nous ne nous en faisons pas moins périodiquement, alternativement, inévitablement broyer.

Point de théories, des faits ; entre-bâillons une dernière fois l'histoire.

L'histoire nous apprend que ni la parole, ni l'écritoire n'ont jamais rien empêché. Que peut l'idée pure contre un fait? *Mens agitat molem...* C'est faux. C'est le contraire qui est vrai. Sans les griffes, sans les dents, le *mens* du lion est à la merci du bec d'un poulet. Les tribunes de l'Agora, les tribunes du Forum, les tribunes des parlements : jouets d'enfants ! Les satires d'Aristophane, les dissertations de Platon ont-elles arrêté Cléon, ont-elles empêché Pisandre? Les oraisons de Démosthènes ont-elles repoussé Philippe? La Liberté est expirante lorsque la presse apparaît. La Liberté d'Athènes meurt avant le Satirique, avant le Philosophe, avant l'Orateur. La liberté de Rome succombe avant Cicéron. Le peuple qui laisse assassiner les Gracques est un peuple perdu. Voulez-vous que la plume d'un Cicéron fasse ce que le poignard d'un Brutus ne peut faire ?

A la République des Curius, des Regulus, des Scipion, des Caton... aux Grands! succèdent les Microscopiques. La République morte, naissent les Virgile, les Horace, les Ovide, les buccholiques, les bachiques, les érotiques. Hélas ! ni Juvénal, ni Tacite ne la ressusciteront. Après Pharsale, après Philippes, après Actium, le deuil plane sur la patrie. C'est le moment de chanter. César l'ordonne. On chante. Chanter le vin, chanter les filles, chanter les garçons, après Actium, après Pharsale, après Philippes ! Horreur ! Voilà la décomposition, voilà les vibrions, voilà les classiques !...

De Rabelais à Vauban, de Vauban à Voltaire, on voit aussi la presse, où voit-on la Liberté ? La presse n'empêchera ni la Saint-Barthélemy, ni les Dragonnades, ni Brumaire, ni Décembre. Est-ce la presse qui lance à la frontière quatorze armées de va-nu-pieds, quatorze armées d'illettrés ? Qui donc, alors, a ressuscité la Liberté, si ce n'est la presse ? La Liberté ! La Révolution ! Attendez.

Charles IX, Henri IV, Richelieu, Louis XIV, y ont aidé : c'est la Bourgeoisie qui l'a consommée. L'édit de janvier 1572, œuvre des conseillers du roi, tous bourgeois, en écartant toute concurrence étrangère, livra le commerce du royaume aux mains de la Bourgeoisie. Restait la concurrence protestante ; elle gênait. La Bourgeoisie s'allie à la royauté, au clergé, pour faire la Saint-Barthélemy, pour défaire l'édit de Nantes.

La Justice se vendait. Naturellement, la Bourgeoisie l'achetait pour la revendre. La Justice encore l'enrichissait.

Les Trésoriers, les Receveurs, les Intendants, les Fermiers-généraux étaient fils de la Bourgeoisie.

Donc, tout lui appartenait : Commerce, Justice, Finances.

Le Roy plumait, le Bourgeois écorchait.

Après avoir été royalement étrillés, nobles et vilains étaient obligés de repasser, bon gré mal gré, sous le triple laminoir de la boutique, des épices, du comptoir. Si peuple et noblesse en sortaient exprimés, je vous le demande ! La Révolution, bonnes gens ! Mais vous oubliez qu'à la veille de 89, une partie de la Noblesse mendiait ! Vous oubliez que depuis des siècles, le Peuple, le noble Peuple de France, broutait !...

Pendant que le peuple affamé se jetait sur la royauté, sur le clergé, sur la noblesse, sur l'étranger, la bourgeoisie, tranquillement, faisait la curée. Le coup de collier donné, le peuple s'en vint demander son pourboire. Le pourboire, ce fut le quart d'heure de Rabelais. La bourgeoisie fit la sourde oreille. Alors, elle s'aperçut que le Peuple montrait les dents, qu'il grommelait ; alors, pour sa part, la part du Peuple, la bourgeoisie lui jeta Bonaparte au nez.

Qu'est-ce que la presse ?

La presse, après avoir été un effet immédiat de la décomposition, devient l'un des éléments de la lointaine reconstitution.

L'idée parlée, manuscrite ou moulée qui se brise contre le fait, peut-elle, à son tour, briser l'idée ? Non, même pour briser l'idée, l'idée doit se matérialiser. De Pythagore à Socrate, de Socrate à Lucrèce, à Apulée, à Lucien, nous avons des siècles de philosophie, où l'affirmation se trouve aux prises avec la négation. Quel est le Oui qui a vaincu le Non ?

Après les Titans, ce sont les penseurs qui tentent l'escalade. Comme les Titans, leurs aînés, les penseurs retombent foudroyés. Le peuple ne les suit pas. Le peuple reste au bas de l'échelle, de l'échelle d'idées que les penseurs lui tendaient. Au peuple, avant de se risquer, il lui faut du visible, du tangible, du solide ; au peuple, il lui faut des faits. Les philosophes commencent à revenir à la philosophie du doigt et de l'œil, à la philosophie populaire. Le peuple c'est l'Océan, la goutte d'eau portée sur le nuage peut bien s'en éloigner, errer, elle est contrainte, tôt ou tard, d'y retomber. Au lieu d'idées pures, il fallait aux penseurs une idée appliquée. Une simple tige de fer : un fait, et l'Olympe craquait ; la tige de Franklin, le paratonnerre, et Jupiter était enchaîné, c'en était fait de la Mythologie. Êtes-vous sûrs que la lunette de Galilée : un fait, n'ait pas décontenancé un brin la Théologie ?

Même écoutée, l'idée ne modifie rien si elle n'a à son service une autre idée réalisée. Les députés aux États de 1614 ; les Colbert, les Boisguilbert, les Vauban, et tant d'autres après comme avant, se lassèrent à demander la suppression des douanes provinciales. Idée généreuse, idée avancée, soit, mais idée. Oui, même écoutée, cette idée n'aurait pu chasser la faim. La faim ne pouvait disparaître que devant la grande route, devant la locomotive : deux faits qui, seuls, étaient de taille à remplacer le dos trop étroit du mulet.

L'instrument trouvé, la révolution du fait, la révolution réaliste, a-t-elle comblé la lacune ? La locomotive a-t-elle tué la faim? Non. La révolution scientifique ne serait, elle-même, qu'une révolution d'empirique, si elle n'était suivie de la révolution économique, laquelle ne dépend de personne. Après la refonte partielle, la refonte générale ; après les révolutions locales, la Révolution organique. Depuis hier, seulement, qu'elle distance parcourue ! Pour rattraper le temps perdu, la société accélère sa marche. Révolution platonique : égalité devant la foi ; révolution politique : égalité devant la loi ; révolution scientifique, révolution économique, tout cela se précipite, tout cela nous envahit à la fois. A peine, en arrivons-nous, d'intuition, à l'instruction obligatoire, que nous nous sentons entraînés au travail obligatoire, dernier terme de la Révolution. La France, cette fille aînée de tous les progrès, de toutes les innovations, jadis fille aînée de l'Église, aujourd'hui fille aînée de la Révolution, la France tient l'avant-garde dans la marche des nations. La France sera la première à recevoir l'avalanche. La première, la France serait emportée si elle ne s'arc-boutait solidement à la Liberté. Quoi ! c'est les yeux fermés, c'est les mains, les pieds liés, que la France se laisserait aborder par l'engrenage économique !

La question économique a mis au rancart la question politique. Regardez. C'est la question économique seule, qui retient le dernier souffle, le dernier souffle prêt à s'échapper, dans la gorge du mourant de Constantinople. Avec les *Cinq milliards* de 1870, comme précédent, personne n'ose porter la main sur l'agonisant, la guerre hésite. Ah ! chacun le pressent, quelle que soit sa force, quelque soit son rang, désormais la nation vaincue sera la nation disparue : question économique, question d'argent.

Et dire que pour mettre la Patrie à couvert de tout danger ; pour donner à la France l'Europe pour alliée, il suffirait de rendre à la France la liberté ! Avec la liberté, la France est invulnérable ; l'Europe le sait ; en 1793, l'Europe n'a pu l'entamer. Qui peut se mesurer avec le lion en liberté ! Qui peut vaincre la France libre ! Deux fois, déjà, la France a senti la botte Césarienne refouler la liberté dans ses flancs : Waterloo, Sedan. Quel est le français qui pourrait, sans pâlir, envisager les suites d'un troisième avortement ?

Allons, Français, tendons-nous tous la main sur le terrain de la Liberté; la France attend, la France exige.

Serons-nous libres au lendemain de l'octroi de la Liberté? Pour se relever, il faut plus d'un jour à l'herbe foulée; longtemps, la jambe sent le poids du boulet; pour nous retrouver debout au moment du danger, il faut nous y prendre à l'avance. Si de solides murs mitoyens, les Alpes, les Pyrénées, nous protégent de divers côtés, ne l'oublions pas, ne l'oublions jamais, du côté du Rhin la patrie reste ouverte...

O France, France rançonnée! France mutilée! France trahie! France aimée! toi qui as supporté Sedan, Bazaine, Paris, la Commune, l'amputation, les Cinq milliards d'indemnité sans plier, toi qui as donné au monde ce spectacle inouï de solidité, c'est toi qui ne pourrais supporter la Liberté! la Liberté qui est la force, la dignité, la paix!

France! tu es toujours l'aînée; mieux que tes triomphes, tes immenses revers l'ont prouvé!

France! on te savait forte, généreuse, grande; le malheur t'a révélée immense!

France! veux-tu rester la France? A l'eau cocardes et drapeaux! à l'eau, à l'eau, tous ces oripeaux! Qu'il ne reste à bord que des matelots pour repousser la vague et le corsaire!

Pendant qu'indifférente l'Europe chuchotait : *La France se meurt !*

L'ennemi s'en retournait ricanant : *La France est morte !*

Morte! la France! Oui, pour un jour, comme le Mort du Golgotha! La France! la France! La vieille France ne meurt pas!

Paris. — Imp. Moderne (Barthier, d'), rue J.-J.-Rousseau, 61,

www.ingramcontent.com/pod-product-compliance
Lightning Source LLC
Chambersburg PA
CBHW051751050726
47598CB00003B/1436